가사체
반야심경

가사체
반야심경 사경용

즐겁게 부르자 행복의 노래 II

무비 스님 · 대심거사 조현춘 공역

운주사

역자 서문

'사람은 어떻게 살아야 하는가?'

이 질문은 인간이 그 역사를 시작하면서부터 품어온 인간존재에 대한 본질적인 문제일 것입니다. 이것은 매우 어려운 문제지만 그러나 쉽게 대답할 수 있는 말은 '사람으로서 가장 사람답게 사는 일'이라고 할 수 있을 것입니다. 그렇습니다. 사람인 이상 무엇보다도 중요하며 우선해야 할 일이 있다면 그것은 사람으로서 가장 사람답게 사는 일입니다.

그렇다면 어떻게 사는 것이 사람으로서 가장 사람답게 사는 일이겠습니까? 이 문제에 대한 올바른 길을 제시하기 위해서 그동안 수많은 현철들이 세상에 오시어 많은 가르침들을 남겨 놓았습니다. 불교 역시 사람이 사는 올바른 길을 위한 팔만사천의 가르침을 제시하고 있습니다.

기계문명의 발달로 인하여 물질을 누리는 삶은 눈부시게 풍요롭고 편리하게 되었으나 '사람으로서 진정 사람답게 사는 것이 무엇인가?'라는 문제에서는 실로 그 의문이 적지 않습니다. 이번에 중요 불교 경전을 공역한 대심거사 조현춘 교수님은 심리학을 연구하여 후학들을 가르치는 한편, 행복훈련원을 세워 많은 사람들에게 행복의 길을 안내하는 참으로 소중한 일을 하시는 분입니다. 더구나 근래에는 부처님의 가르침에 심취하여 '화엄경과 화이트헤드'를 공부하는 모임을 지도하고 있습니다. 이 모임을 통해 부처님의 진리, 즉 '사람이 어떻게 하면 진정 사람답게 사는가?'라는 문제의 해답을 한글세대들의 언어로 제시하고 있습니다. 지금까지 번역한 '한글세대를 위한 독송용 ①지장경, ②관음경, ③불유교경, ④백팔대참회문, ⑤금강경, ⑥아미타경, ⑦보현행원품, ⑧예불문·천수경, ⑨일반법회, ⑩매일법회, ⑪한글-영어-한자 금강경'에 이어 '즐겁게 부르자 행복의 노래 ①가사체 금강경, ②가사체 반야심경(사경용), ③가사체 부모은중경'을 준비하였습니다.

  모쪼록 참 진리인 부처님 말씀을 한글다운 한글로 읽고, 그 인연공덕으로 삶의 의미를 깨닫게 되기를 바랍니다.

불기 2556년 如天 無比

역자 서문　　　　　　　　　5

가사체 반야심경 사경 ①　　9
가사체 반야심경 사경 ②　　13
가사체 반야심경 사경 ③　　17
가사체 반야심경 사경 ④　　21
가사체 반야심경 사경 ⑤　　25
가사체 반야심경 사경 ⑥　　29
가사체 반야심경 사경 ⑦　　33
가사체 반야심경 사경 ⑧　　37
가사체 반야심경 사경 ⑨　　41
가사체 반야심경 사경 ⑩　　45
가사체 반야심경 사경 ⑪　　49
가사체 반야심경 사경 ⑫　　53
가사체 반야심경 사경 ⑬　　57
가사체 반야심경 사경 ⑭　　61
가사체 반야심경 사경 ⑮　　65

가사체 반야심경 해설　　　69
역자 발문　　　　　　　　　78

일러두기
1. 범본·한자본·티베트본 등 오래된 광본 및 약본 반야심경 10여 권을 두고 완전한 반야심경으로 복원하였습니다.
2. 일차로 한글 번역을 하였고, 이차로 가사체 번역을 하였습니다.
3. 용어해설은 각주로 간단하게 제시하였습니다.
4. 번역에 대한 입장을 시중 유통본과 대조하면서 설명하였습니다.

가사체 반야심경 사경 ①

마하반야 바라밀을 깊이깊이 수행하여
오온모두 공함보고 모든고통 벗어나신
관세음~ 보살님이 사리불께 말하셨네.
사리불~ 장로님~ 사리불~ 장로님~
대상있음 공함있고 공함있음 대상있오.
대상없음 공함없고 공함없음 대상없오.
대상이곧 공함이고 공함이곧 대상이오.
느낌생각 행동인식 역시같다 할수있오.
사리불~ 장로님~ 사리불~ 장로님~
이세상의 모든것은 하나같이 공하다오.
생겨남과 없어짐에 걸려들지 아니하고

더러움과 깨끗함에 걸려들지 아니하고
늘어남과 줄어듦에 걸려들지 마십시오.
이리하여 공적함을 온전하게 이룩하면
어떤대상 어떤느낌 어떤생각 어떤행동
어떤인식 어디에도 걸려들지 아니하오.
눈과귀와 코혀몸뜻 어디에도 안걸리고
형상소리 냄새맛촉 현상에도 안걸리고
눈의세계 귀의세계 코의세계 혀의세계
몸의세계 뜻의세계 어디에도 안걸리오.
어두움도 벗어나고 벗어남도 벗어나고
늙고죽음 벗어나고 벗어남도 벗어나고
고집멸도 어디에도 걸려들지 아니하오.
지혜에도 안걸리고 이룸에도 안걸리고

이룸에도 안걸린단 생각조차 아니하여
모든보살 마하반야 바라밀에 의지하여
모든속박 벗어나고 모든공포 벗어나고
모든망상 벗어나서 구경열반 이루었오.
삼세제불 마하반야 바라밀에 의지하여
최고바른 깨달음을 온전하게 이루었오.
마하반야 바라밀은 참으로~ 신비진언
참으로~ 밝은진언 참으로~ 높은진언
무엇과도 비교할수없이귀한 진언이오.
허망하지 아니하고 참으로~ 진실하여
모든고통 빠짐없이 없애주는 진언이오.
그리하여 마하반야 바라밀을 말합니다.

가자가자 넘어가자 모두다가자
보리이루자.
가떼가떼 빠라가떼 빠라상가떼
보리스바하.

- 즐겁게 부르자 행복의 노래 ② 가사체 반야심경(사경용) 끝 -

가사체 반야심경 사경 ②

마하반야 바라밀을 깊이깊이 수행하여
오온모두 공함보고 모든고통 벗어나신
관세음~ 보살님이 사리불께 말하셨네.
사리불~ 장로님~ 사리불~ 장로님~
대상있음 공함있고 공함있음 대상있오.
대상없음 공함없고 공함없음 대상없오.
대상이곧 공함이고 공함이곧 대상이오.
느낌생각 행동인식 역시같다 할수있오.
사리불~ 장로님~ 사리불~ 장로님~
이세상의 모든것은 하나같이 공하다오.
생겨남과 없어짐에 걸려들지 아니하고

더러움과 깨끗함에 걸려들지 아니하고
늘어남과 줄어듦에 걸려들지 마십시오.
이리하여 공적함을 온전하게 이룩하면
어떤대상 어떤느낌 어떤생각 어떤행동
어떤인식 어디에도 걸려들지 아니하오.
눈과귀와 코혀몸뜻 어디에도 안걸리고
형상소리 냄새맛촉 현상에도 안걸리고
눈의세계 귀의세계 코의세계 혀의세계
몸의세계 뜻의세계 어디에도 안걸리오.
어두움도 벗어나고 벗어남도 벗어나고
늙고죽음 벗어나고 벗어남도 벗어나고
고집멸도 어디에도 걸려들지 아니하오.
지혜에도 안걸리고 이룸에도 안걸리고

이룸에도 안걸린단 생각조차 아니하여
모든보살 마하반야 바라밀에 의지하여
모든속박 벗어나고 모든공포 벗어나고
모든망상 벗어나서 구경열반 이루었오.
삼세제불 마하반야 바라밀에 의지하여
최고바른 깨달음을 온전하게 이루었오.
마하반야 바라밀은 참으로~ 신비진언
참으로~ 밝은진언 참으로~ 높은진언
무엇과도 비교할수없이귀한 진언이오.
허망하지 아니하고 참으로~ 진실하여
모든고통 빠짐없이 없애주는 진언이오.
그리하여 마하반야 바라밀을 말합니다.

가자가자 넘어가자 모두다가자
보리이루자.
가떼가떼 빠라가떼 빠라상가떼
보리스바하.

- 즐겁게 부르자 행복의 노래 ② 가사체 반야심경(사경용) 끝 -

가사체 반야심경 사경 ③

마하반야 바라밀을 깊이깊이 수행하여
오온모두 공함보고 모든고통 벗어나신
관세음~ 보살님이 사리불께 말하셨네.
사리불~ 장로님~ 사리불~ 장로님~
대상있음 공함있고 공함있음 대상있오.
대상없음 공함없고 공함없음 대상없오.
대상이곧 공함이고 공함이곧 대상이오.
느낌생각 행동인식 역시같다 할수있오.
사리불~ 장로님~ 사리불~ 장로님~
이세상의 모든것은 하나같이 공하다오.
생겨남과 없어짐에 걸려들지 아니하고

더러움과 깨끗함에 걸려들지 아니하고
늘어남과 줄어듦에 걸려들지 마십시오.
이리하여 공적함을 온전하게 이룩하면
어떤대상 어떤느낌 어떤생각 어떤행동
어떤인식 어디에도 걸려들지 아니하오.
눈과귀와 코혀몸뜻 어디에도 안걸리고
형상소리 냄새맛촉 현상에도 안걸리고
눈의세계 귀의세계 코의세계 혀의세계
몸의세계 뜻의세계 어디에도 안걸리오.
어두움도 벗어나고 벗어남도 벗어나고
늙고죽음 벗어나고 벗어남도 벗어나고
고집멸도 어디에도 걸려들지 아니하오.
지혜에도 안걸리고 이룸에도 안걸리고

이룸에도 안걸린단 생각조차 아니하여
모든보살 마하반야 바라밀에 의지하여
모든속박 벗어나고 모든공포 벗어나고
모든망상 벗어나서 구경열반 이루었오.
삼세제불 마하반야 바라밀에 의지하여
최고바른 깨달음을 온전하게 이루었오.
마하반야 바라밀은 참으로~ 신비진언
참으로~ 밝은진언 참으로~ 높은진언
무엇과도 비교할수없이귀한 진언이오.
허망하지 아니하고 참으로~ 진실하여
모든고통 빠짐없이 없애주는 진언이오.
그리하여 마하반야 바라밀을 말합니다.

가자가자 넘어가자 모두다가자
보리이루자.
가떼가떼 빠라가떼 빠라상가떼
보리스바하.

- 즐겁게 부르자 행복의 노래 ② 가사체 반야심경(사경용) 끝 -

가사체 반야심경 사경 ④

마하반야 바라밀을 깊이깊이 수행하여
오온모두 공함보고 모든고통 벗어나신
관세음~ 보살님이 사리불께 말하셨네.
사리불~ 장로님~ 사리불~ 장로님~
대상있음 공함있고 공함있음 대상있오.
대상없음 공함없고 공함없음 대상없오.
대상이곧 공함이고 공함이곧 대상이오.
느낌생각 행동인식 역시같다 할수있오.
사리불~ 장로님~ 사리불~ 장로님~
이세상의 모든것은 하나같이 공하다오.
생겨남과 없어짐에 걸려들지 아니하고

더러움과 깨끗함에 걸려들지 아니하고
늘어남과 줄어듦에 걸려들지 마십시오.
이리하여 공적함을 온전하게 이룩하면
어떤대상 어떤느낌 어떤생각 어떤행동
어떤인식 어디에도 걸려들지 아니하오.
눈과귀와 코혀몸뜻 어디에도 안걸리고
형상소리 냄새맛촉 현상에도 안걸리고
눈의세계 귀의세계 코의세계 혀의세계
몸의세계 뜻의세계 어디에도 안걸리오.
어두움도 벗어나고 벗어남도 벗어나고
늙고죽음 벗어나고 벗어남도 벗어나고
고집멸도 어디에도 걸려들지 아니하오.
지혜에도 안걸리고 이룸에도 안걸리고

이름에도 안걸린단 생각조차 아니하여
모든보살 마하반야 바라밀에 의지하여
모든속박 벗어나고 모든공포 벗어나고
모든망상 벗어나서 구경열반 이루었오.
삼세제불 마하반야 바라밀에 의지하여
최고바른 깨달음을 온전하게 이루었오.
마하반야 바라밀은 참으로~ 신비진언
참으로~ 밝은진언 참으로~ 높은진언
무엇과도 비교할수없이귀한 진언이오.
허망하지 아니하고 참으로~ 진실하여
모든고통 빠짐없이 없애주는 진언이오.
그리하여 마하반야 바라밀을 말합니다.

가자가자 넘어가자 모두다가자
보리이루자.
가떼가떼 빠라가떼 빠라상가떼
보리스바하.

- 즐겁게 부르자 행복의 노래 ② 가사체 반야심경(사경용) 끝 -

가사체 반야심경 사경 ⑤

마하반야 바라밀을 깊이깊이 수행하여
오온모두 공함보고 모든고통 벗어나신
관세음~ 보살님이 사리불께 말하셨네.
사리불~ 장로님~ 사리불~ 장로님~
대상있음 공함있고 공함있음 대상있오.
대상없음 공함없고 공함없음 대상없오.
대상이곧 공함이고 공함이곧 대상이오.
느낌생각 행동인식 역시같다 할수있오.
사리불~ 장로님~ 사리불~ 장로님~
이세상의 모든것은 하나같이 공하다오.
생겨남과 없어짐에 걸려들지 아니하고

더러움과 깨끗함에 걸려들지 아니하고
늘어남과 줄어듦에 걸려들지 마십시오.
이리하여 공적함을 온전하게 이룩하면
어떤대상 어떤느낌 어떤생각 어떤행동
어떤인식 어디에도 걸려들지 아니하오.
눈과귀와 코혀몸뜻 어디에도 안걸리고
형상소리 냄새맛촉 현상에도 안걸리고
눈의세계 귀의세계 코의세계 혀의세계
몸의세계 뜻의세계 어디에도 안걸리오.
어두움도 벗어나고 벗어남도 벗어나고
늙고죽음 벗어나고 벗어남도 벗어나고
고집멸도 어디에도 걸려들지 아니하오.
지혜에도 안걸리고 이룸에도 안걸리고

이름에도 안걸린단 생각조차 아니하여
모든보살 마하반야 바라밀에 의지하여
모든속박 벗어나고 모든공포 벗어나고
모든망상 벗어나서 구경열반 이루었오.
삼세제불 마하반야 바라밀에 의지하여
최고바른 깨달음을 온전하게 이루었오.
마하반야 바라밀은 참으로~ 신비진언
참으로~ 밝은진언 참으로~ 높은진언
무엇과도 비교할수없이귀한 진언이오.
허망하지 아니하고 참으로~ 진실하여
모든고통 빠짐없이 없애주는 진언이오.
그리하여 마하반야 바라밀을 말합니다.

가자가자 넘어가자 모두다가자
보리이루자.
가떼가떼 빠라가떼 빠라상가떼
보리스바하.

- 즐겁게 부르자 행복의 노래 ② 가사체 반야심경(사경용) 끝 -

가사체 반야심경 사경 ⑥

마하반야 바라밀을 깊이깊이 수행하여
오온모두 공함보고 모든고통 벗어나신
관세음~ 보살님이 사리불께 말하셨네.
사리불~ 장로님~ 사리불~ 장로님~
대상있음 공함있고 공함있음 대상있오.
대상없음 공함없고 공함없음 대상없오.
대상이곧 공함이고 공함이곧 대상이오.
느낌생각 행동인식 역시같다 할수있오.
사리불~ 장로님~ 사리불~ 장로님~
이세상의 모든것은 하나같이 공하다오.
생겨남과 없어짐에 걸려들지 아니하고

더러움과 깨끗함에 걸려들지 아니하고
늘어남과 줄어듦에 걸려들지 마십시오.
이리하여 공적함을 온전하게 이룩하면
어떤대상 어떤느낌 어떤생각 어떤행동
어떤인식 어디에도 걸려들지 아니하오.
눈과귀와 코혀몸뜻 어디에도 안걸리고
형상소리 냄새맛촉 현상에도 안걸리고
눈의세계 귀의세계 코의세계 혀의세계
몸의세계 뜻의세계 어디에도 안걸리오.
어두움도 벗어나고 벗어남도 벗어나고
늙고죽음 벗어나고 벗어남도 벗어나고
고집멸도 어디에도 걸려들지 아니하오.
지혜에도 안걸리고 이룸에도 안걸리고

이름에도 안걸린단 생각조차 아니하여
모든보살 마하반야 바라밀에 의지하여
모든속박 벗어나고 모든공포 벗어나고
모든망상 벗어나서 구경열반 이루었오.
삼세제불 마하반야 바라밀에 의지하여
최고바른 깨달음을 온전하게 이루었오.
마하반야 바라밀은 참으로~ 신비진언
참으로~ 밝은진언 참으로~ 높은진언
무엇과도 비교할수없이귀한 진언이오.
허망하지 아니하고 참으로~ 진실하여
모든고통 빠짐없이 없애주는 진언이오.
그리하여 마하반야 바라밀을 말합니다.

가자가자 넘어가자 모두다가자
보리이루자.
가떼가떼 빠라가떼 빠라상가떼
보리스바하.

- 즐겁게 부르자 행복의 노래 ② 가사체 반야심경(사경용) 끝 -

가사체 반야심경 사경 ⑦

마하반야 바라밀을 깊이깊이 수행하여
오온모두 공함보고 모든고통 벗어나신
관세음~ 보살님이 사리불께 말하셨네.
사리불~ 장로님~ 사리불~ 장로님~
대상있음 공함있고 공함있음 대상있오.
대상없음 공함없고 공함없음 대상없오.
대상이곧 공함이고 공함이곧 대상이오.
느낌생각 행동인식 역시같다 할수있오.
사리불~ 장로님~ 사리불~ 장로님~
이세상의 모든것은 하나같이 공하다오.
생겨남과 없어짐에 걸려들지 아니하고

더러움과 깨끗함에 걸려들지 아니하고
늘어남과 줄어듦에 걸려들지 마십시오.
이리하여 공적함을 온전하게 이룩하면
어떤대상 어떤느낌 어떤생각 어떤행동
어떤인식 어디에도 걸려들지 아니하오.
눈과귀와 코혀몸뜻 어디에도 안걸리고
형상소리 냄새맛촉 현상에도 안걸리고
눈의세계 귀의세계 코의세계 혀의세계
몸의세계 뜻의세계 어디에도 안걸리오.
어두움도 벗어나고 벗어남도 벗어나고
늙고죽음 벗어나고 벗어남도 벗어나고
고집멸도 어디에도 걸려들지 아니하오.
지혜에도 안걸리고 이룸에도 안걸리고

이름에도 안걸린단 생각조차 아니하여
모든보살 마하반야 바라밀에 의지하여
모든속박 벗어나고 모든공포 벗어나고
모든망상 벗어나서 구경열반 이루었오.
삼세제불 마하반야 바라밀에 의지하여
최고바른 깨달음을 온전하게 이루었오.
마하반야 바라밀은 참으로~ 신비진언
참으로~ 밝은진언 참으로~ 높은진언
무엇과도 비교할수없이귀한 진언이오.
허망하지 아니하고 참으로~ 진실하여
모든고통 빠짐없이 없애주는 진언이오.
그리하여 마하반야 바라밀을 말합니다.

가자가자 넘어가자 모두다가자
보리이루자.
가떼가떼 빠라가떼 빠라상가떼
보리스바하.

- 즐겁게 부르자 행복의 노래 ② 가사체 반야심경(사경용) 끝 -

가사체 반야심경 사경 ⑧

마하반야 바라밀을 깊이깊이 수행하여
오온모두 공함보고 모든고통 벗어나신
관세음~ 보살님이 사리불께 말하셨네.
사리불~ 장로님~ 사리불~ 장로님~
대상있음 공함있고 공함있음 대상있오.
대상없음 공함없고 공함없음 대상없오.
대상이곧 공함이고 공함이곧 대상이오.
느낌생각 행동인식 역시같다 할수있오.
사리불~ 장로님~ 사리불~ 장로님~
이세상의 모든것은 하나같이 공하다오.
생겨남과 없어짐에 걸려들지 아니하고

더러움과 깨끗함에 걸려들지 아니하고
늘어남과 줄어듦에 걸려들지 마십시오.
이리하여 공적함을 온전하게 이룩하면
어떤대상 어떤느낌 어떤생각 어떤행동
어떤인식 어디에도 걸려들지 아니하오.
눈과귀와 코혀몸뜻 어디에도 안걸리고
형상소리 냄새맛촉 현상에도 안걸리고
눈의세계 귀의세계 코의세계 혀의세계
몸의세계 뜻의세계 어디에도 안걸리오.
어두움도 벗어나고 벗어남도 벗어나고
늙고죽음 벗어나고 벗어남도 벗어나고
고집멸도 어디에도 걸려들지 아니하오.
지혜에도 안걸리고 이룸에도 안걸리고

이룸에도 안걸린단 생각조차 아니하여
모든보살 마하반야 바라밀에 의지하여
모든속박 벗어나고 모든공포 벗어나고
모든망상 벗어나서 구경열반 이루었오.
삼세제불 마하반야 바라밀에 의지하여
최고바른 깨달음을 온전하게 이루었오.
마하반야 바라밀은 참으로~ 신비진언
참으로~ 밝은진언 참으로~ 높은진언
무엇과도 비교할수없이귀한 진언이오.
허망하지 아니하고 참으로~ 진실하여
모든고통 빠짐없이 없애주는 진언이오.
그리하여 마하반야 바라밀을 말합니다.

가자가자 넘어가자 모두다가자
보리이루자.
가떼가떼 빠라가떼 빠라상가떼
보리스바하.

- 즐겁게 부르자 행복의 노래 ② 가사체 반야심경(사경용) 끝 -

가사체 반야심경 사경 ⑨

마하반야 바라밀을 깊이깊이 수행하여
오온모두 공함보고 모든고통 벗어나신
관세음~ 보살님이 사리불께 말하셨네.
사리불~ 장로님~ 사리불~ 장로님~
대상있음 공함있고 공함있음 대상있오.
대상없음 공함없고 공함없음 대상없오.
대상이곧 공함이고 공함이곧 대상이오.
느낌생각 행동인식 역시같다 할수있오.
사리불~ 장로님~ 사리불~ 장로님~
이세상의 모든것은 하나같이 공하다오.
생겨남과 없어짐에 걸려들지 아니하고

더러움과 깨끗함에 걸려들지 아니하고
늘어남과 줄어듦에 걸려들지 마십시오.
이리하여 공적함을 온전하게 이룩하면
어떤대상 어떤느낌 어떤생각 어떤행동
어떤인식 어디에도 걸려들지 아니하오.
눈과귀와 코혀몸뜻 어디에도 안걸리고
형상소리 냄새맛촉 현상에도 안걸리고
눈의세계 귀의세계 코의세계 혀의세계
몸의세계 뜻의세계 어디에도 안걸리오.
어두움도 벗어나고 벗어남도 벗어나고
늙고죽음 벗어나고 벗어남도 벗어나고
고집멸도 어디에도 걸려들지 아니하오.
지혜에도 안걸리고 이룸에도 안걸리고

이룸에도 안걸린단 생각조차 아니하여
모든보살 마하반야 바라밀에 의지하여
모든속박 벗어나고 모든공포 벗어나고
모든망상 벗어나서 구경열반 이루었오.
삼세제불 마하반야 바라밀에 의지하여
최고바른 깨달음을 온전하게 이루었오.
마하반야 바라밀은 참으로~ 신비진언
참으로~ 밝은진언 참으로~ 높은진언
무엇과도 비교할수 없이귀한 진언이오.
허망하지 아니하고 참으로~ 진실하여
모든고통 빠짐없이 없애주는 진언이오.
그리하여 마하반야 바라밀을 말합니다.

가자가자 넘어가자 모두다가자
보리이루자.
가떼가떼 빠라가떼 빠라상가떼
보리스바하.

- 즐겁게 부르자 행복의 노래 ② 가사체 반야심경(사경용) 끝 -

가사체 반야심경 사경 ⑩

마하반야 바라밀을 깊이깊이 수행하여
오온모두 공함보고 모든고통 벗어나신
관세음~ 보살님이 사리불께 말하셨네.
사리불~ 장로님~ 사리불~ 장로님~
대상있음 공함있고 공함있음 대상있오.
대상없음 공함없고 공함없음 대상없오.
대상이곧 공함이고 공함이곧 대상이오.
느낌생각 행동인식 역시같다 할수있오.
사리불~ 장로님~ 사리불~ 장로님~
이세상의 모든것은 하나같이 공하다오.
생겨남과 없어짐에 걸려들지 아니하고

더러움과 깨끗함에 걸려들지 아니하고
늘어남과 줄어듦에 걸려들지 마십시오.
이리하여 공적함을 온전하게 이룩하면
어떤대상 어떤느낌 어떤생각 어떤행동
어떤인식 어디에도 걸려들지 아니하오.
눈과귀와 코혀몸뜻 어디에도 안걸리고
형상소리 냄새맛촉 현상에도 안걸리고
눈의세계 귀의세계 코의세계 혀의세계
몸의세계 뜻의세계 어디에도 안걸리오.
어두움도 벗어나고 벗어남도 벗어나고
늙고죽음 벗어나고 벗어남도 벗어나고
고집멸도 어디에도 걸려들지 아니하오.
지혜에도 안걸리고 이룸에도 안걸리고

이룸에도 안걸린단 생각조차 아니하여
모든보살 마하반야 바라밀에 의지하여
모든속박 벗어나고 모든공포 벗어나고
모든망상 벗어나서 구경열반 이루었오.
삼세제불 마하반야 바라밀에 의지하여
최고바른 깨달음을 온전하게 이루었오.
마하반야 바라밀은 참으로~ 신비진언
참으로~ 밝은진언 참으로~ 높은진언
무엇과도 비교할수 없이귀한 진언이오.
허망하지 아니하고 참으로~ 진실하여
모든고통 빠짐없이 없애주는 진언이오.
그리하여 마하반야 바라밀을 말합니다.

가자가자 넘어가자 모두다가자
보리이루자.
가떼가떼 빠라가떼 빠라상가떼
보리스바하.

- 즐겁게 부르자 행복의 노래 ② 가사체 반야심경(사경용) 끝 -

가사체 반야심경 사경 ⑪

마하반야 바라밀을 깊이깊이 수행하여
오온모두 공함보고 모든고통 벗어나신
관세음~ 보살님이 사리불께 말하셨네.
사리불~ 장로님~ 사리불~ 장로님~
대상있음 공함있고 공함있음 대상있오.
대상없음 공함없고 공함없음 대상없오.
대상이곧 공함이고 공함이곧 대상이오.
느낌생각 행동인식 역시같다 할수있오.
사리불~ 장로님~ 사리불~ 장로님~
이세상의 모든것은 하나같이 공하다오.
생겨남과 없어짐에 걸려들지 아니하고

더러움과 깨끗함에 걸려들지 아니하고
늘어남과 줄어듦에 걸려들지 마십시오.
이리하여 공적함을 온전하게 이룩하면
어떤대상 어떤느낌 어떤생각 어떤행동
어떤인식 어디에도 걸려들지 아니하오.
눈과귀와 코혀몸뜻 어디에도 안걸리고
형상소리 냄새맛촉 현상에도 안걸리고
눈의세계 귀의세계 코의세계 혀의세계
몸의세계 뜻의세계 어디에도 안걸리오.
어두움도 벗어나고 벗어남도 벗어나고
늙고죽음 벗어나고 벗어남도 벗어나고
고집멸도 어디에도 걸려들지 아니하오.
지혜에도 안걸리고 이름에도 안걸리고

이름에도 안걸린단 생각조차 아니하여
모든보살 마하반야 바라밀에 의지하여
모든속박 벗어나고 모든공포 벗어나고
모든망상 벗어나서 구경열반 이루었오.
삼세제불 마하반야 바라밀에 의지하여
최고바른 깨달음을 온전하게 이루었오.
마하반야 바라밀은 참으로~ 신비진언
참으로~ 밝은진언 참으로~ 높은진언
무엇과도 비교할수없이귀한 진언이오.
허망하지 아니하고 참으로~ 진실하여
모든고통 빠짐없이 없애주는 진언이오.
그리하여 마하반야 바라밀을 말합니다.

가자가자 넘어가자 모두다가자
보리이루자.
가떼가떼 빠라가떼 빠라상가떼
보리스바하.

- 즐겁게 부르자 행복의 노래 ② 가사체 반야심경(사경용) 끝 -

가사체 반야심경 사경 ⑫

마하반야 바라밀을 깊이깊이 수행하여
오온모두 공함보고 모든고통 벗어나신
관세음~ 보살님이 사리불께 말하셨네.
사리불~ 장로님~ 사리불~ 장로님~
대상있음 공함있고 공함있음 대상있오.
대상없음 공함없고 공함없음 대상없오.
대상이곧 공함이고 공함이곧 대상이오.
느낌생각 행동인식 역시같다 할수있오.
사리불~ 장로님~ 사리불~ 장로님~
이세상의 모든것은 하나같이 공하다오.
생겨남과 없어짐에 걸려들지 아니하고

더러움과 깨끗함에 걸려들지 아니하고
늘어남과 줄어듦에 걸려들지 마십시오.
이리하여 공적함을 온전하게 이룩하면
어떤대상 어떤느낌 어떤생각 어떤행동
어떤인식 어디에도 걸려들지 아니하오.
눈과귀와 코혀몸뜻 어디에도 안걸리고
형상소리 냄새맛촉 현상에도 안걸리고
눈의세계 귀의세계 코의세계 혀의세계
몸의세계 뜻의세계 어디에도 안걸리오.
어두움도 벗어나고 벗어남도 벗어나고
늙고죽음 벗어나고 벗어남도 벗어나고
고집멸도 어디에도 걸려들지 아니하오.
지혜에도 안걸리고 이름에도 안걸리고

이룸에도 안걸린단 생각조차 아니하여
모든보살 마하반야 바라밀에 의지하여
모든속박 벗어나고 모든공포 벗어나고
모든망상 벗어나서 구경열반 이루었오.
삼세제불 마하반야 바라밀에 의지하여
최고바른 깨달음을 온전하게 이루었오.
마하반야 바라밀은 참으로~ 신비진언
참으로~ 밝은진언 참으로~ 높은진언
무엇과도 비교할수없이귀한 진언이오.
허망하지 아니하고 참으로~ 진실하여
모든고통 빠짐없이 없애주는 진언이오.
그리하여 마하반야 바라밀을 말합니다.

가자가자 넘어가자 모두다가자
보리이루자.
가떼가떼 빠라가떼 빠라상가떼
보리스바하.

- 즐겁게 부르자 행복의 노래 ② 가사체 반야심경(사경용) 끝 -

가사체 반야심경 사경 ⑬

마하반야 바라밀을 깊이깊이 수행하여
오온모두 공함보고 모든고통 벗어나신
관세음~ 보살님이 사리불께 말하셨네.
사리불~ 장로님~ 사리불~ 장로님~
대상있음 공함있고 공함있음 대상있오.
대상없음 공함없고 공함없음 대상없오.
대상이곧 공함이고 공함이곧 대상이오.
느낌생각 행동인식 역시같다 할수있오.
사리불~ 장로님~ 사리불~ 장로님~
이세상의 모든것은 하나같이 공하다오.
생겨남과 없어짐에 걸려들지 아니하고

더러움과 깨끗함에 걸려들지 아니하고
늘어남과 줄어듦에 걸려들지 마십시오.
이리하여 공적함을 온전하게 이룩하면
어떤대상 어떤느낌 어떤생각 어떤행동
어떤인식 어디에도 걸려들지 아니하오.
눈과귀와 코혀몸뜻 어디에도 안걸리고
형상소리 냄새맛촉 현상에도 안걸리고
눈의세계 귀의세계 코의세계 혀의세계
몸의세계 뜻의세계 어디에도 안걸리오.
어두움도 벗어나고 벗어남도 벗어나고
늙고죽음 벗어나고 벗어남도 벗어나고
고집멸도 어디에도 걸려들지 아니하오.
지혜에도 안걸리고 이룸에도 안걸리고

이름에도 안걸린단 생각조차 아니하여
모든보살 마하반야 바라밀에 의지하여
모든속박 벗어나고 모든공포 벗어나고
모든망상 벗어나서 구경열반 이루었오.
삼세제불 마하반야 바라밀에 의지하여
최고바른 깨달음을 온전하게 이루었오.
마하반야 바라밀은 참으로~ 신비진언
참으로~ 밝은진언 참으로~ 높은진언
무엇과도 비교할수없이귀한 진언이오.
허망하지 아니하고 참으로~ 진실하여
모든고통 빠짐없이 없애주는 진언이오.
그리하여 마하반야 바라밀을 말합니다.

가자가자 넘어가자 모두다가자
보리이루자.
가떼가떼 빠라가떼 빠라상가떼
보리스바하.

- 즐겁게 부르자 행복의 노래 ② 가사체 반야심경(사경용) 끝 -

가사체 반야심경 사경 ⑭

마하반야 바라밀을 깊이깊이 수행하여
오온모두 공함보고 모든고통 벗어나신
관세음~ 보살님이 사리불께 말하셨네.
사리불~ 장로님~ 사리불~ 장로님~
대상있음 공함있고 공함있음 대상있오.
대상없음 공함없고 공함없음 대상없오.
대상이곧 공함이고 공함이곧 대상이오.
느낌생각 행동인식 역시같다 할수있오.
사리불~ 장로님~ 사리불~ 장로님~
이세상의 모든것은 하나같이 공하다오.
생겨남과 없어짐에 걸려들지 아니하고

더러움과 깨끗함에 걸려들지 아니하고
늘어남과 줄어듦에 걸려들지 마십시오.
이리하여 공적함을 온전하게 이룩하면
어떤대상 어떤느낌 어떤생각 어떤행동
어떤인식 어디에도 걸려들지 아니하오.
눈과귀와 코혀몸뜻 어디에도 안걸리고
형상소리 냄새맛촉 현상에도 안걸리고
눈의세계 귀의세계 코의세계 혀의세계
몸의세계 뜻의세계 어디에도 안걸리오.
어두움도 벗어나고 벗어남도 벗어나고
늙고죽음 벗어나고 벗어남도 벗어나고
고집멸도 어디에도 걸려들지 아니하오.
지혜에도 안걸리고 이룸에도 안걸리고

이룸에도 안걸린단 생각조차 아니하여
모든보살 마하반야 바라밀에 의지하여
모든속박 벗어나고 모든공포 벗어나고
모든망상 벗어나서 구경열반 이루었오.
삼세제불 마하반야 바라밀에 의지하여
최고바른 깨달음을 온전하게 이루었오.
마하반야 바라밀은 참으로~ 신비진언
참으로~ 밝은진언 참으로~ 높은진언
무엇과도 비교할수없이귀한 진언이오.
허망하지 아니하고 참으로~ 진실하여
모든고통 빠짐없이 없애주는 진언이오.
그리하여 마하반야 바라밀을 말합니다.

가자가자 넘어가자 모두다가자
보리이루자.
가떼가떼 빠라가떼 빠라상가떼
보리스바하.

- 즐겁게 부르자 행복의 노래 ② 가사체 반야심경(사경용) 끝 -

가사체 반야심경 사경 ⑮

마하반야 바라밀을 깊이깊이 수행하여
오온모두 공함보고 모든고통 벗어나신
관세음~ 보살님이 사리불께 말하셨네.
사리불~ 장로님~ 사리불~ 장로님~
대상있음 공함있고 공함있음 대상있오.
대상없음 공함없고 공함없음 대상없오.
대상이곧 공함이고 공함이곧 대상이오.
느낌생각 행동인식 역시같다 할수있오.
사리불~ 장로님~ 사리불~ 장로님~
이세상의 모든것은 하나같이 공하다오.
생겨남과 없어짐에 걸려들지 아니하고

더러움과 깨끗함에 걸려들지 아니하고
늘어남과 줄어듦에 걸려들지 마십시오.
이리하여 공적함을 온전하게 이룩하면
어떤대상 어떤느낌 어떤생각 어떤행동
어떤인식 어디에도 걸려들지 아니하오.
눈과귀와 코혀몸뜻 어디에도 안걸리고
형상소리 냄새맛촉 현상에도 안걸리고
눈의세계 귀의세계 코의세계 혀의세계
몸의세계 뜻의세계 어디에도 안걸리오.
어두움도 벗어나고 벗어남도 벗어나고
늙고죽음 벗어나고 벗어남도 벗어나고
고집멸도 어디에도 걸려들지 아니하오.
지혜에도 안걸리고 이룸에도 안걸리고

이룸에도 안걸린단 생각조차 아니하여
모든보살 마하반야 바라밀에 의지하여
모든속박 벗어나고 모든공포 벗어나고
모든망상 벗어나서 구경열반 이루었오.
삼세제불 마하반야 바라밀에 의지하여
최고바른 깨달음을 온전하게 이루었오.
마하반야 바라밀은 참으로~ 신비진언
참으로~ 밝은진언 참으로~ 높은진언
무엇과도 비교할수없이귀한 진언이오.
허망하지 아니하고 참으로~ 진실하여
모든고통 빠짐없이 없애주는 진언이오.
그리하여 마하반야 바라밀을 말합니다.

가자가자 넘어가자 모두다가자
보리이루자.
가떼가떼 빠라가떼 빠라상가떼
보리스바하.

- 즐겁게 부르자 행복의 노래 ② 가사체 반야심경(사경용) 끝 -

즐겁게 부르자 행복의 노래 ② 가사체 반야심경 해설

1. 반야심경에 들어가기 전에 불교가 무엇인지에 대해서 말씀드리겠습니다. 불교를 모르면서 반야심경을 말할 수는 없습니다. 불교의 정의는 다음과 같습니다.

불교佛敎   나쁜행동 하나라도 않겠습니다.   諸惡莫作(제악막작)
            착한행동 빠짐없이 하겠습니다.   衆善奉行(중선봉행)
            깨끗하고 맑은마음 갖겠습니다.   自淨其意(자정기의)
            이세가지 일곱부처 불교입니다.   是諸佛敎(시제불교)
            (법구경 여래품)

1) 나쁜 행동은 무엇입니까? '당장 당장은 즐겁기도 하고 이익이 되는 것 같기도 하지만, 반드시 남을 해치고 나를 해치며 나아가 온 세상을 불행하게 만드는 행동'이 나쁜 행동입니다. 대표적인 나쁜 행동이 살도음망주殺盜淫妄酒입니다. 우리가 오계라고 하는 것은 바로 '살도음망주殺盜淫妄酒를 하지 않겠습니다'라는 발원입니다.

2) 착한 행동은 무엇입니까? '당장 당장은 힘들기도 하고 손해가 되는 것 같기도 하지만, 반드시 남에게 이로움을 주고 나에게도 이로움이 생기며 온 세상을 행복세상으로 만드는 행동'이 착한 행동입니다. 대표적인 착한 행동이 육바라밀입니다. 보시布施, 지계持戒, 인욕忍辱, 정진精進, 선정禪定, 지혜智慧가 육바라밀입니다. '보시하겠습니다. 지계하겠습니다. 인욕하겠습니다. 정진하겠습니다. 선정하겠습니다. 지혜롭겠습니다.'라는 발원이 육바라밀입니다.

3) 깨끗하고 맑은 마음은 무엇입니까? '참으로 착한 행동'을 '깨끗하고 맑은 마음'이라고 합니다. 살도음망주殺盜淫妄酒를 하지 않고, 보시布施, 지계持戒, 인욕忍辱, 정진精進, 선정禪定, 지혜智慧를 깊이 깊이 수행하면서도 수행하였다는 생각에 조금도 걸리지 않는 마음을 '깨끗하고 맑은 마음'이라고 말합니다. 가장 간단한 '깨끗하고 맑은 마음수행'은 '감사염송'입니다. '감사염송'은 평소에 늘, 특히 매일 같은 시간 같은 장소에서 10분 이상 '고맙습니다'를 염송하는 것입니다. 중간 정도의 '깨끗하고 맑은 마음수행'은 반야심경을 독송하는 것입니다. 약간 긴 정도의 '깨끗하고 맑은 마음수행'은 금강경 독송입니다.

2. 다음으로 반야심경에 나오는 중요한 용어에 대해서 말씀드리겠습니다.

1) **반야**

세상에는 지식과 지혜가 있습니다. 그러나 세상의 지혜와 불교에서의 지혜는 같으면서도 다릅니다. 세상에서의 지혜는 말 그대로 '세상에서의 지혜'입니다. 불교에서의 지혜는 '세상에서의 지혜'도 포함하지만 '출세간의 지혜'까지도 포함합니다. 시공간을 초월하고 이승과 저승을 초월하는 지혜를 반야 혹은 반야지혜라고 합니다. 육바라밀의 대표이기도 합니다.

2) **바라밀**

바라밀은 완성이라는 말입니다. 따라서 반야바라밀은 지혜의 완성입니다.

3) **마하**

마하는 비행기 속도를 말할 때 마하 2, 마하 3이라고 하는 바로 그 마하입니다. '굉장히 큰 것', '엄청나게 빠른 것', '인간의 한계를 지난 것' 등의 의미가 있습니다. 따라서 '마하반야바라밀'은 인간의 상상력으로는 도저히 이해할 수 없는 엄청난 지혜의 완성이라는 의미입니다.

4) 관세음보살

우리의 고통을 전부 없애주는 보살님입니다. 무비 스님과 대심거사 조현춘의 '한글세대를 위한 독송용 관음경'을 참고하시기 바랍니다. 석가모니 부처님의 증명 아래 반야심경을 설하신 보살이 관세음 보살님이십니다.

5) 보살

'보리 살으바'의 준말입니다. 보리는 아누다라삼막삼보리의 준말입니다. 최고 바른 깨달음을 이루려는 발원을 세운 사람, 혹은 그러한 발원을 이미 이룬 사람이 보리 살으바, 즉 보살입니다.

3. 반야심경 번역에 대해 설명드리겠습니다. 다음의 표는 시중 유통본 반야심경과 가사체 반야심경을 대조한 표입니다.

시중 유통본 반야심경	가사체 반야심경 무비 스님·대심 거사 공역
① 관자재보살이 깊은 반야바라밀다를 행할 때, 오온이 공한 것을 비추어 보고 온갖 고통에서 건지느니라	마하반야 바라밀을 깊이깊이 수행하여 오온모두 공함보고 모든고통 벗어나신 관세음~ 보살님이 사리불께 말하셨네.
② 사리자여!	사리불~ 장로님~ 사리불~ 장로님~
③ 색이 공과 다르지 않고 공이 색과 다르지 않으며, 색이 곧 공이요 공이 곧 색이니,	대상있음 공함있고 공함있음 대상있오. 대상없음 공함없고 공함없음 대상없오. 대상이곧 공함이고 공함이곧 대상이오.
④ 수 상 행 식도 그러하니라.	느낌생각 행동인식 역시같다 할수있오.
⑤ 사리자여!	사리불~ 장로님~ 사리불~ 장로님~
⑥ 모든 법은 공하여 나지도 멸하지도 않으며, 더럽지도 깨끗하지도 않으며, 늘지도 줄지도 않느니라.	이세상의 모든것은 하나같이 공하다오. 생겨남과 없어짐에 걸려들지 아니하고, 더러움과 깨끗함에 걸려들지 아니하고, 늘어남과 줄어듦에 걸려들지 마십시오.
⑦ 그러므로 공 가운데는	이리하여 공적함을 온전하게 이룩하면
⑧ 색이 없고 수 상 행 식도 없으며,	어떤대상 어떤느낌 어떤생각 어떤행동 어떤인식 어디에도 걸려들지 아니하오.

⑨ 안 이 비 설 신 의도 없고,	눈과귀와 코혀몸뜻 어디에도 안걸리고,
⑩ 색 성 향 미 촉 법도 없으며,	형상소리 냄새맛촉 현상에도 안걸리고,
⑪ 눈의 경계도 의식의 경계까지도 없고,	눈의세계 귀의세계 코의세계 혀의세계 몸의세계 뜻의세계 어디에도 안걸리오.
⑫ 무명도 무명이 다함까지도 없으며, 　늙고 죽음도 늙고 죽음이 다함까지도 없고,	어두움도 벗어나고 벗어남도 벗어나고 늙고죽음 벗어나고 벗어남도 벗어나고
⑬ 고 집 멸 도도 없으며,	고집멸도 어디에도 걸려들지 아니하오.
⑭ 지혜도 얻음도 없느니라. 　얻을 것이 없는 까닭에 　보살은 반야바라밀다를 의지하므로 　마음에 걸림이 없고 걸림이 없으므로 두려움이 없어서, 　뒤바뀐 헛된 생각을 멀리 떠나 완전한 열반에 들어가며,	지혜에도 안걸리고 이룸에도 안걸리고 이룸에도 안걸린단 생각조차 아니하여 모든보살 마하반야 바라밀에 의지하여 모든속박 벗어나고 모든공포 벗어나고 모든망상 벗어나서 구경열반 이루었오.
⑮ 삼세의 모든 부처님도 반야바라밀다를 의지하므로 최상의 깨달음을 얻느니라.	삼세제불 마하반야 바라밀에 의지하여 최고바른 깨달음을 온전하게 이루었오.
⑯ 반야바라밀다는 가장 신비하고 　밝은 주문이며 위없는 주문이며 　무엇과도 견줄 수 없는 주문이니	마하반야 바라밀은 참으로~ 신비진언 참으로~ 밝은진언 참으로~ 높은진언 무엇과도 비교할수 없이귀한 진언이오.
⑰ 온갖 괴로움을 없애고 　진실하여 허망하지 않음을 알지니라.	허망하지 아니하고 참으로~ 진실하여 모든고통 빠짐없이 없애주는 진언이오.
⑱ 이제 반야바라밀다주를 말하리라.	그리하여 마하반야 바라밀을 말합니다.
⑲ 아제아제 바라아제 바라승아제 모지 사바하 　(3번).	가자가자 넘어가자 모두다가자 보리이루자 가떼가떼 빠라가떼 빠라상가떼 보리스바하

① 반야심경은 크게 광본과 약본으로 구분할 수 있습니다. 광본 반야심경(청담 스님의 반야심경과 고목 스님의 반야심경 참고)에 보면 이런 내용이 있습니다. "부처님께서 많은 스님들과 많은 보살님들과 함께 어느 날 왕사성 기사굴산에서 다음과 같이 하시는 것을 제가 직접 들었으며 제가 직접 봤습니다(이를 육성취 혹은 다이아몬드 육하원칙이라고 합니다). 부처님께서는 광대심심 삼매에 드시었

고, (마하)반야 바라밀을 깊이 깊이 수행하여 오온 모두 공함 보고 모든 고통 벗어나신 관세음 보살님도 대중 가운데에 계시었습니다. 사리불 장로님께서 자리에서 일어나서 합장하고 관세음 보살님께 말씀드리셨습니다. '반야바라밀을 깊이깊이 행하려는 사람은 어떻게 수행해야 합니까?' 관세음 보살님께서 사리불 장로님에게 대답하셨습니다." 그런데 유통본에는 누가 누구에게 말했는지가 없습니다. 더구나 첫 문장과 그 다음이 전혀 연결이 되지 않고 있습니다. 따라서 첫 문장은 "마하반야바라밀을 깊이깊이 수행하여 오온 모두 공함 보고 모든 고통 벗어나신 관세음 보살님이 사리불께 말하셨네"로 바꾸어야 합니다. 자세한 내용에 대해서는 무비 스님의 강의나 다른 도인들의 강의를 참고하시기 바랍니다. 여기서는 단지 번역에 대해서만 말씀드리겠습니다.

육하원칙: 전통적으로 六成就라고 하였습니다. 부처님의 말씀에 따라 모든 경전은 원칙적으로 (1) 누가 (2) 누구와 (3) 언제 (4) 어디서 (5) 어떻게 하는 것을 (6) 누가 듣고 보았는지의 다이아몬드 육하원칙으로 시작되어야 합니다. 폐기된 육하원칙은 "언제, 어디서, 누가, 무엇을, 어떻게, 왜"이었는데, 이 중에서 "왜"는 과학적으로 영원히 밝힐 수 없다는 것이 확인되었고, "무엇"은 "어떻게"에 포함되어 있는 사항입니다. 최근 언론에서도 소위 기사 실명제라는 것이 도입되면서, "누가 듣고 보았는지?"가 관심의 초점이 되고 있습니다. 또 "누구와"도 매우 중요합니다. 따라서 불교에서 말하는 육성취, 즉 불교 육하원칙이 다이아몬드 육하원칙입니다. 그런데, 필자가 본 최근 한글 경전의 경우, 거의 전부가 "이와 같이 나는 들었다" 혹은 이와 유사한 형태로 시작되고 있었습니다. 이는 명백히 잘못입니다. 금강경의 경우에 "1,250명"이라는 사실은 분명히 결집자들이 직접 본 것입니다. 육성취는 한 문장에 들어 있어야 합니다. (1) 누가 (2) 누구와 (3) 언제 (4) 어디서 (5) 어떻게 하시는 것을 (6) 누가 직접 듣고 직접 보았는가?의 불교 육성취가 다이아몬드 육하원칙입니다.

② 바로 이어서 '사리자여'가 있는데 요즈음은 전혀 사용하지 않는 표현입니다. 저의 이름이 조현춘인데 누가 저를 '조현춘이여'라고 합니까? 사람들은 저를 조현춘, 조현춘 교수, 조현춘 교수님이라고 합니다. 사리불의 경우 공식 직함이 장로입니다. 따라서 '사리자여'는 '사리불 장로님'이라고 해야 합니다. 그런데 일부 외도들이 장로라는 말은 자기네들 말이라고 하거나 심지어 일부 불자님들조차도 장로라는 말은 불교 용어가 아니라고 말하는 분들이 있습니다. 장로는 지혜와 덕이 높은 사람을 말합니다.

③ 그 다음 문장도 범본이나 영어본, 일부 한자본에는 두 단계가 아니고 세 단계입니다. 한글로 된 책으로는 고목 스님의 반야심경, 청담 스님의 반야심경에 비교적 자세히 나와 있습니다. 당시 중국 한자로는 세 단계로 표현하는 것이 매우 어려워서 두 단계로 표현한 것으로 보입니다. 요즈음 말로 하면, 충분조건-필수조건-필수충분조건이 범본에는 모두 제시되어 있습니다.

첫째인 충분조건은 '대상이 있으면, 공함이 있고'라는 내용입니다. 이 부분은 현장 삼장법사님의 반야심경에는 없는 부분입니다.

둘째인 필수조건은 설명이 조금 난해합니다. 바로 직역을 하면 '대상은 공함과 다르지 않고'가 되는데, 이를 약간 의역을 하면, '대상이 있으면서 공함이 없을 수는 없고, 대상이 없으면서 공함이 있을 수는 없고'가 됩니다. 이를 다시 간략하게 의역하면 '(이미 충분조건이 언급되었으므로) 대상이 없으면 공함도 없고'가 됩니다.

셋째인 필수충분조건은 '대상이 곧 공함이고'가 됩니다. 일반적으로 말하는 '필요조건'은 '필요조건'이 아니고 '필수조건'인데 이에 대해서는 여기에서 논의할 사항이 아닌 것 같습니다. 여기에 대한 자세한 논의를 보고 싶으신 분은 "조현춘 등 9명 공저(2011), 쉽고 재미있는 논문연구법, 25~28쪽"을 참고하시라고 할 수밖에 없습니다.

④ '수상행식도 그러하니라'는 표현도 책임회피식 번역같습니다. '수'는 일반적으로 '감수, 느낌'으로 번역합니다. '감수성'을 생각하면 '느낌'이라는 번역이 정확하다는 것을 알 수 있습니다. '상'은 뇌기능을 말합니다. 표상 개념은 결국 뇌의 작용에 속합니다. '행'은 지금의 행동입니다. '식'에 대해서는 번역가들 사이에 혼란이 심합니다. 어떤 번역가들은 '의식'이라고 하는데 이는 명백히 잘못된 것입니다. 식에는 안식, 이식, 비식, 설식, 신식, 의식, 말라식, 아뢰야식이 있습니다. 인식이나 식별이 적절할 것입니다.

⑤ ②와 같습니다.

⑥ '모든 법은 공하여'는 '이 세상의 모든 것은 하나같이 공하다오. 그러니까'라고 하여도 전혀 다를 바 없습니다. 다음 연결이 중요합니다. 유통본으로 하면 연결이 되지 않습니다. '나지도 …… 않느니라. 그러니까 생겨남과 ……에 걸려들지 마십시오'가 되어야 합니다.

⑦ '그러므로 공 가운데는'의 의미는 '그렇게 하여, 혹은 이렇게 하여 공적함을 온전하게 이룩하여 자신이 공적함이 되었을 때에는'이라는 의미입니다.

⑧ '색이 없고 수상행식도 없으며'라는 표현보다는 '색이 있고 수상행식도 있으나, 색에도 걸리지 않고 수상행식에도 걸리지 않으며'가 적절합니다. 이를 간단히 말하면, 또한 이는 '③의 색과 ④의 수상행식의 반복'이므로 '어떤 대상, 어떤 느낌, 어떤 생각, 어떤 행동, 어떤 인식 어디에도 걸려들지 아니하오'로 하는 것이 적절합니다.

⑨ 앞의 논의에서와 같이 책임없는 번역같습니다. '안이비설신의도 없고'라기보다는 '안이비설신의도 있으나 그것들에 걸리지 않고'가 옳습니다. 이를 젊은이들이 알아들을 수 있는 말로 바꾸면 '눈귀코혀몸뜻 어디에도 안 걸리고'가 됩니다. '의'의 번역에 대해서는 크게 뜻과 마음이 등장하고 있는데 마음에는 의식을 관장하는 '의'와 말라식을 관장하는 '말라', 아뢰야식을 관장하는 '아뢰야'가 있으므로 마음이라고 하는 것은 부적절합니다.

⑩ '색성향미촉법도 없으며'도 같은 논리로 '형상, 소리, 냄새, 맛, 촉감, 현상 어디에도 안 걸리고'라고 번역을 하면 될 것입니다. 왜냐하면 ①의 오온, 즉 ⑧에서의 '색'이 '수상행식'과 대비되는 색이라면 여기서의 '색'은 '성향미촉법'과 대비되는 색이기 때문입니다. 따라서 '형상'이 됩니다.

⑪ '눈의 경계도 의식의 경계까지도 없으며'는 지나친 직역같습니다. 눈의 경계와 대비되는 다른 경계는 뜻의 경계입니다. '내지'가 있으므로 그 사이의 다른 경계도 표현해 주는 것이 옳다고 봅니다. 그래서 귀의 경계, 코의 경계, 혀의 경계, 몸의 경계도 살렸습니다.

⑫ 무명은 바로 어두움이므로 따로 논의하지 않아도 될 것 같습니다.

⑬ '고집멸도도 없으며'는 '다른 중생들의 고집멸도가 있음을 보고 있으면서도 혹은 나의 고집멸도가 아직 존재함을 보면서도 그것들에 걸려들지 아니하도록 하세요'가 됩니다.

⑭ '지혜도 얻음도 없고'는 '나는 지혜가 있다, 나는 깨달음을 얻었다는 생각에

걸리지 않고'가 됩니다. '얻을 것이 없는 까닭에'는 '나는 깨달음을 얻었다는 생각에 걸리지 않게 되므로'가 됩니다. 걸림은 속박이고, 두려움은 공포이며, 뒤바뀐 헛된 생각은 망상이므로 그 외에는 별 논의가 필요없을 것 같습니다.

⑮ '최상의 깨달음'을 '최고 바른 깨달음'이라고 표현하였습니다.

⑯ '가장'이라는 말은 사용하지 않는 것이 좋습니다. 예를 들어서 '옴보다 더 신비하다는 말은 좀 곤란합니다. 그래서 '매우 혹은 참으로'라고 표현하는 것이 옳다고 봅니다.

⑰ 한글 표현에서는 원인이 먼저인데 대부분의 외국어 표현에서는 원인이 뒤에 붙어서 'because'로 연결됩니다. 따라서 원인을 앞으로 합니다. 또한 한글 표현에서는 부정문이 먼저인데 대부분의 외국어 표현에서는 긍정문이 먼저입니다. 그래서 '가사체'와 같이 됩니다.

⑱ '이제'라는 연결보다는 '그리하여'라는 연결이 적절하게 보입니다.

⑲ 범어를 중국어로 음사한 글을 가지고 왔습니다. 음사는 음사로 가져와야 하는데 한국식으로 읽어서 '아제아제 ……'로 하는 것은 좀 그렇습니다. 인도 사람도, 중국 사람도 '가떼가떼 ……'라고 합니다. 그렇게 하든지 한국말로 멋지게 번역이 된다면 번역된 말이 '참된 진언'이라고 생각합니다.

역자 발문

역자는 심리학 교수, 상담심리사, 심리치료사, 정서·행동 장애아 교육학자입니다. 서양 이론들의 한계를 극복하고 동양의 지혜를 심리상담에 접목시키기 위해 20대 중반에 금강경으로 동양탐색을 시작하여 60대 중반인 이제야 '제 스스로 만족하는 금강경 번역'을 제시할 수 있게 되었습니다. 금강경을 독송하던 중, 필자는 '근원도 알 수 없는, 나 자신의 저 깊고 깊은 곳에서 생명의 빛이 흘러나오는 것'을 발견했습니다. '나와 모든 생명이 함께 하는 빛, 생명의 빛'이 나의 깊은 곳에서 나오고 있었습니다. 나의 웃음 속에 묻어 있던 공허함은 급격히 감소되고 나의 웃음은 더 우렁차게 되었습니다. 여러 신비체험들은 감히 여기에 싣지 않겠으나, 날씨와는 무관하게 밖에서 불어오는 법풍(法風, 진리의 바람)은 필자의 몸과 마음을 지금도 가끔씩 시원하게 해 주고 있습니다. 상담심리학자로서의 필자는 '남을 위한 행복훈련'의 작은 집에서 벗어나 '나와 남을 함께 행복나라로 안내하는 진정한 행복훈련자'가 되어 가고 있습니다.

고맙습니다.
역자가 부처님 말씀을 번역하여 출간할 수 있게 된 배경에는 너무나 많은 분들의 은혜가 있었습니다.
　첫 고마움은 아무래도 용성 스님이나 동국역경원, 불교진흥원을 비롯하여 많은 불경 번역가들에게 전해야 할 것 같습니다. 중국인들조차 거의 읽지 못하는 고대 중국한어를 번역하느라 참으로 수고하셨습니다.

둘째 고마움은 안형관 선배님과 강수균 선배님을 비롯한 화화회(화엄경과 화이트 헤드를 연구하는 모임) 회원들에게 드려야 할 것 같습니다. 사독비나 회의비는커녕 식사비조차도 각자 지참하면서 15년이 넘는 세월 동안 매주 몇 시간씩 원고를 교정해주고 가르쳐주신 두 분 선배님과 강태진, 전영숙, 김정자, 김정옥, 김임용, 박호진, 조현재, 이근배, 왕가년, 송위덕, 최경희, 이희백, 정기언, 최명식, 권현용, 박정숙, 황경열, 최송실, 김남희, 박현조, 김연지, 고원자, 전태옥, 이경순 회원님들을 비롯한 많은 회원들에게 깊은 감사를 드립니다. 불교에 대해서 참으로 해박한 지식을 가지고 계시면서 가려운 곳을 긁어주고 모자라는 곳을 채워준 김남경 교수님에게 특히 심심한 감사를 드립니다.

셋째 고마움은 무비 스님께 올려야 할 것 같습니다. 천진난만하시며(?), 대자대비에도 걸리지 않으시는 '살아계시는 대 성현의 모습'을 보여주시고, 자상한 가르침을 베풀어주셨습니다. 첫 금강경에 대해서는 감수를 해주셨고, 지금은 공역자의 자리에까지 내려와 주셨습니다. 황송하고 황망할 뿐입니다. 참으로 고맙습니다.

출간을 허락해 준 출판사에도 감사를 드립니다. 사전에 연락만 주시면 무비 스님과 필자가 번역한 모든 경전들은 사찰이나 다른 출판사의 신행수첩, 법요집, 해설집, 불교의식집, 불교성전 등에 무료로 활용할 수 있도록 해 드리겠습니다. 협조해 주신 출판사에 진심으로 감사드립니다.

교육자와 상담심리사들에게
서양인들조차도 '동양정신문화-서양물질문명'을 인정합니다. 서양 상담심리사의 반 이상이 동양을 주 전공으로 하고 있습니다. 동양 정신은 원칙적으로 불교에 있고, 불교의 가장 핵심사상은 금강경입니다. 모든 교육자나 상담심리사는 반드시 매주 한 번씩은 이 가사체 금강경을 독송해야 합니다.

이유는 명확합니다. '인류 역사상 온몸에서 빛이 나고 향기가 나는 분들'은 거의 전부가 금강경을 독송하였고, 금강경 독송을 권유하고 있고, 가사체 금강경은 현대어로 가장 잘 번역한 금강경이기 때문입니다. 자기 종교를 이유로 금강경 독송을 거부하는 사람은 '자신은 마약을 하면서 청소년 지도를 하는 사람'과 조금도 다르지 않습니다. 금강경과 더불어 금강경의 요약이라고 할 수 있는 가사체 반야심경을 독송하고 사경하여 체화하시기를 부탁드립니다.

대심거사 조현춘 합장

대강백 무비스님과 대심거사 조현춘 교수의

즐겁게 부르자 행복의 노래 ① ② ③

① 가사체 금강경	② 가사체 반야심경(사경집)	③ 가사체 부모은중경
동양에는 자비, 도덕, 윤리 등의 정신문화가 있었습니다. 서양에는 전쟁, 공포, 핵무기가 있었습니다. 동양정신문화에는 불교 유교 도교가 있으나 대표는 역시 불교입니다. 불교에는 8만4천의 법문이 있으나 대표는 역시 금강경입니다. 그동안 금강경 판독이 어려워 대부분의 한국 사람들은 천년도 더 된 고대 중국어로 『금강경』을 공부했습니다. 이제 화화회(화엄경과 화이트헤드 연구회) 회원님들의 도움과 무비스님의 지도로 거의 완벽하게 판독하였으며, 다시 한국인의 정서에 맞도록 4-4-4-4체, 즉 가사체로 번역하였습니다. 동양정신을 알고 싶으면, 그리고 『금강경』을 통해서 빛이 나고 향기가 나는 성현의 길을 가고 싶으면 1,000독만 해 보십시오. 부디 성현의 길을 가시기를 기도합니다.	손오공으로 유명한 『서유기』의 현장 삼장법사님께서 인도에서 가져온 경전 중에서 가장 아낌을 받는 경전입니다. 그러나 현장법사님께서 가져오신 『반야심경』은 약본입니다. 광본을 제대로 보지 못한 번역가들이 자기 식대로 번역한 한글 반야심경이 많습니다. 광본을 참고하여 특히 설주를 제대로 밝히고, 논리적 연결을 발견하여 제대로 번역하였습니다. 『가사체 금강경』과 마찬가지로 한국인의 정서에 맞도록 4-4-4-4체, 즉 가사체로 번역하였습니다. 진언도 글자 수에 맞추어 번역하였으며, 범음을 그대로 재현하였습니다. 부처님의 육성을 들으시고 모두 반야의 나라, 깨달음의 나라, 고통이 전혀 없는 행복의 나라로 가시기를 기도합니다.	동서고금의 도덕 중에 효도보다 더한 도덕은 없을 것입니다. 그러나 일부 공포, 공갈, 협박 종교들에서는 부모에 대한 효도보다도 자기 자신들의 신이나 하느님 혹은 하나님을 더 중요시하기도 하며, 인간 존엄성을 부정하기도 합니다. 최근에 와서 생명을 경시하고, 부모 형제를 경시하고, 자신의 생명까지도 경시하는 풍조가 만연합니다. 동서고금에서 효도에 대해서 쓴 책 중에서 『부모은중경』보다 더 멋진 책은 없습니다. 『가사체 금강경』과 마찬가지로 한국인의 정서에 맞도록 4-4-4-4체, 즉 가사체로 번역하였습니다. 효를 살리고, 생명의 가치를 살리고 진정한 행복·진정한 즐거움을 위해서 『은중경』을 매주 한 번씩은 꼭 독송하시기를 기도합니다.

대강백 무비스님과 대심거사 조현춘 교수의

'한글 세대를 위한 독속용 경전'

1권 지장경	2권 관음경	3권 불유교경
1. 도리천 하늘	1. 다이아몬드 육하원칙	1. 다이아몬드 육하원칙
2. 지장 보살님의 분신들	2. 칠난	2. 계율
3. 중생들의 업보	3. 삼독	3. 마음
4. 죄업의 끈질김	4. 복덕	4. 음식
5. 지옥	5. 설법방편	5. 수면
6. 부처님의 찬양 찬탄	6. 중간결론	6. 분노
7. 천도재의 의의	7. 게송	7. 교만
8. 귀신들의 역할	8. 무진의 보살님의 찬탄	8. 아첨
9. 염불의 공덕	9. 총결론	9. 욕심
10. 보시 공덕		10. 만족
11. 땅의 신		11. 안거
12. 지장 보살님의 위신력		12. 정진
13. 사람과 하느님을 부촉함		13. 염
		14. 선정
		15. 지혜
		16. 희론
		17. 공덕
		18. 의심해결
		19. 제도
		20. 법신과 육신
		21. 부촉

4권 백팔대참회문	5권 금강경	11권 영어-한글-한자 금강경
1. 백팔참회 2. 장엄염불 3. 정근 4. 이산혜연선사 발원문 5. 경허선사 참선곡 6. 회심곡 7. 무상계 8. 영가법문	1. 법회가 열린 인연 2. 수보리의 청법 3. 대승의 바른 종지 4. 걸림 없는 보시 5. 참된 부처 6. 바른 믿음 7. 걸리지 않음 8. 최고의 바른 깨달음 9. 한 생각에도 걸리지 않음 10. 정토의 장엄 11. 참으로 큰 복 12. 바른 가르침을 존중함 13. 이 경을 지니는 법 14. 분별에서 벗어난 적멸 15. 이 경의 공덕 16. 업장을 씻음 17. 자기중심적 생각에서 벗어남 18. 모두를 두루 봄 19. 법계 모두를 교화함 20. 상호에 걸리지 않음 21. 전법에 걸리지 않음 22. 깨달음에 걸리지 않음 23. 차별적 생각이 없음 24. 비교할 수 없이 큰 복 25. 제도에 걸리지 않음 26. 법신에 걸리지 않음 27. 걸리지 않음에 걸리지 않음 28. 복에 걸리지 않음 29. 고요한 모습 30. 일합상에 걸리지 않음 31. 앎에 걸리지 않음 32. 교화에 걸리지 않음	1. Prologue 2. Protecting and Instructing Bodhisattvas 3. Bodhisattva 4. Making Offerings 5. Buddha 6. Believing in the Sutra 7. Holy Man 8. The Sutra and the Utmost Right Enlightenment 9. Four Kinds of Holy Man 10. Sublimating the World 11. The Virtue of Four-Line Stanza 12. The Virtue of the Sutra 13. How to Retain the Sutra 14. Peacefulness 15. The Virtue of Accepting the Sutra 16. Eliminating the Sins of Past Lives 17. Not being bound up with Egocentrism 18. Five Kinds of Eye 19. The Virtue 20. The Appearances and Characteristics of Buddha 21. Preaching the Dharma 22. The Utmost Right Enlightenment 23. Not Discriminating One Against the Others 24. The Incomparable Virtue 25. Leading Sattvas to Nirvana 26. The Dharma-Body 27. Not Annihilating Anything 28. Making Offerings versus not being bound up with Anything 29. Not being bound up with Anything 30. Three thousand great chiliocosms 31. Understanding the Dharma 32. Epilogue

6권 아미타경	7권 보현행원품
1. 법회를 시작함	1. 서론
2. 극락세계의 존재	2. 열 가지 넓고 큰 행원
3. 보물 가로수와 연못과 연꽃	첫째 발원-부처님을 예배 공경함
4. 극락세계 중생들의 꽃 공양	둘째 발원-공덕장엄 찬양 찬탄함
5. 새와 나무의 설법	셋째 발원-부처님께 많이 공양함
6. 아미타 부처님의 공덕	넷째 발원-업장들을 모두 참회함
7. 극락왕생의 발원	다섯째 발원-남의 공덕 모두 따라 함
8. 수지독송의 공덕	여섯째 발원-설법하길 간절히 청함
9. 모든 부처님들의 권유	일곱째 발원-이 세상에 계시길 청함
10. 듣고 믿기를 권함	여덟째 발원-온 세상에 항상 전법함
11. 서로 칭찬함	아홉째 발원-모든 중생 평안하게 함
12. 포교와 제도	열째 발원-나의 공덕 모두 회향함
	3. 보현행원의 공덕
	4. 게송

8권 예불문·천수경	9권 일반법회	10권 매일 법회
1. 예불	1. 개회 선언	Ⅰ. 새벽예불
2. 천수경	2. 신행수칙	1. 삼업을 씻어내는 진언
3. 관세음 보살님 정근	3. 집회가	2. 도량석
4. 반야심경	4. 삼귀의	3. 새벽 종송
5. 의상조사 법성게	5. 찬양합시다	4. 장엄염불
6. 화엄경 약찬게	6. 예경	5. 아침 예경
7. 부설거사 사부시	7. 백팔참회	6. 아침 발원
8. 큰소리 염불의 열가지 공덕	8. 천수경	7. 신중단 예경
	9. 소의경전 등 경전 독송	
	10. 청법가	Ⅱ. 사시불공
	11. 입정	1. 모두에게 예경을 올리는 진언
	12. 설법	2. 사시예경
	13. 정근	3. 천수경
	14. 발원문	4. 청한 이유
	15. 불교 아리랑 등 찬불가	5. 공양 드시기를 청함
	16. 사홍서원	
	17. 신중단 예경	Ⅲ. 저녁 예불
	18. 공지사항	1. 저녁 종송
	19. 산회가	2. 저녁 예경
		3. 저녁 발원
		4. 신중단 예경

도움을 주신 후원자 스님들

이 름	권 수	이 름	권 수
무비 스님/공역자	5,000권	중원 스님/대법사	200권
미산스님/상도선원	300권		

도움을 주신 후원자 신도님들

이 름	권 수	이 름	권 수
인운·이수진	1,000권	권준모	200권
조현대·손영애	200권	정일영	300권
심공·원명덕	200권	보의·원각성·정화	200권
벽초·수련화	300권	이수경	200권
박마리아	200권	전은미	300권
무상월 손영순	200권	수인화 변정숙	200권
이남숙	200권	이해천	200권
김대진	300권	선성 길진호	300권
동행 장점식	300권	인명화 이인경	200권
서동익·이복식	200권	김수동·서수견	200권
김형진	100권	김주홍	100권
이춘자	100권	이해경	100권
김관용	100권	김순일	100권
차정자	100권	이영태	100권
장희정	100권	이민서	100권
이은서	100권	류갑경	100권
이정옥	100권	권오봉	100권
김정미	100권	백형진	300권
안정현	100권	감로정 정애경	300권
화화회	1,000권	자성화 백차남	300권
천홍은	100권	대심·보리행	5,000권

'즐겁게 부르자 행복의 노래 가사체 경전 ①②③'을
대량 구입 혹은 대량 보시하여 도움을 주신 후원자님들에게 고마운 마음을 전합니다.
이 인연공덕으로 많은 복덕 누리시고 성불하시기를 기원합니다.
길흉사(돌잔치, 생일잔치, 결혼식, 회갑잔치, 칠순잔치, 미수잔치와 49재, 소상, 대상)
혹은 기타 특별한 일(입학, 졸업, 취업, 퇴임)에 활용해 주시면 고맙겠습니다.
감사합니다.
가사체 금강경 독송회(신한은행 110-354-890749) 대심거사 조현춘(010-9512-5202) 합장

● **무비스님**
- 조계종 교육원 (전)원장
- 조계종 종립 승가대학원 (전)원장
- 범어사에서 여환如幻스님을 은사로 출가
- 범어사 강주
- 통도사 (전)강주
- 다음 까페: 염화실 myhome.naver.com/kycmb
- 저(역)서: 당신은 부처님, 금강경 강의, 보현행원품 강의, 화엄경 강의, 법화경 강의, 화엄경(한글), 화엄경(현토)

● **대심거사 조현춘**
- 가사체 금강경 독송회 회장
- 법륜불자교수회 (전)회장
- 대한문학치료학회 회장,
- 동서정신과학회 (전)회장,
- 한국정서행동장애아 교육학회 (전)회장
- 홈: 논문연구법.한국(chostudy.com)/다음 까페: 행복훈련원
- 조현춘 등 공저(역): 쉽고 재미있는 논문연구법. 심리상담과 치료의 이론와 실제, 심리상담과 치료의 기본 기술. 실험심리학.

● 미리 연락을 주시면 "즐겁게 부르자 행복의 노래 가사체 경전 3권"과 "한글세대를 위한 독송용 경전 11권"의 내용을 신행수첩, 법요집, 해설집, 불교의식집, 불교성전 등에 무료로 활용할 수 있도록 해 드리겠습니다.
대심거사 조현춘(010-9512-5202) 합장

즐겁게 부르자 행복의 노래 ❷ 가사체 반야심경

초판 1쇄 인쇄 2012년 5월 17일 | **초판 1쇄 발행** 2012년 5월 25일
공역 무비 • 조현춘 | **펴낸이** 김시열
펴낸곳 도서출판 운주사 (136-034) 서울 성북구 동소문동 4가 270번지 성심빌딩 3층
　　　　전화 (02) 926-8361 | **팩스** 0505-115-8361
ISBN 978-89-5746-313-0　03220　　값 5,000원
http://cafe.daum.net/unjubooks 〈다음카페: 도서출판 운주사〉